Anschrift des Autors:
Dr. Karl Vlaschitz
A-2443 Leithaprodersdorf
e-mail: karl.vla@gmx.at

Oktober 2003
Alle Rechte liegen beim Autor
Herstellung und Verlag: Books on Demand GmbH, Norderstedt
ISBN 3-8334-0302-0

Heimliche

Leidenschaft

Vorwort

Meine heimliche Leidenschaft
sind Wortspielereien,
diese niederzuschreiben
betreibe ich mit ganzer Kraft.

Ob am Balkon oder im Bett,
bei Sonnenaufgang,
den ganzen Tag lang,
immer finde ich Dichten nett.

Spielen mit Versen und Worten
entspannt das Gemüt,
beruhigt das Geblüt
zu Hause und an fremden Orten.

Ich schreibe meine Gedankensplitter
mal fröhlich, mal traurig,
mal stimmungsvoll, mal schaurig,
sie klingen süß, aber auch bitter.

Blättert von vorne nach hinten und wieder zurück,
lest da und dort,
einen Vers nur, ein Wort,
verweilt auf einen Gedankenblick.

Ihr müsst euch jetzt mit meinen Träumen begnügen,
ob geheimnisvoll
oder unheimlich toll,
ich wünsche allen viel Vergnügen.

Liebe ist...

dein sein ohne Besitz zu werden
Nähe geben ohne zu erdrücken
Aufmerksamkeit schenken ohne wegzuhören
Wärme zu empfangen ohne zu verbrennen
Mitgefühl haben ohne es zeigen zu müssen
geduldig zu sein ohne zu leiden
einfach zu lieben.

Lange Liebe

Warum schreibt man Liebe mit „langem i"?
Damit das Wort länger erklingt?
Weil Liebe länger andauern soll?
Weil „**Libe**" sehr hart tönt und **Liebe** doch viel sanfter ist?
Weil *Liebe Immer und Ewig Bis* zum *Ende* anhalten soll!

Bettspiele

Im Ehebett
ist's manchmal recht nett.
Da machen wir Sachen,
über die wir gern lachen.
Zum Beispiel eine Polsterschlacht
haben wir gestern erst gemacht,
so toll, dass sich die Bretter bogen
und aus den Pölstern die Federn flogen.
Oder ein Massagespiel
gibt uns beiden auch sehr viel.
Sohlen kitzeln, in Speckfalten zwicken,
an Schenkel, Bauch, an Po und Rücken.
Abwechslung manchmal bringt,
wenn man im Bette gemeinsam singt.
So ihr nicht musikalisch seid,
kriegt ihr mit den Nachbarn Streit.
Streichelpartys sind ein Traum
in einem dunklen, warmen Raum.
Mit zarten Fingern die Haut beglücken
versetzt uns immer in Entzücken,
Und schließlich halten wir sehr viel
vom guten alten Liebesspiel.
Die Krönung ist, man könnt' sich d'ran gewöhnen
nach viel Kuschel und Gemuschel
vor allem aber nach Zank und Streit
oder bei mangelnder Friedfertigkeit,
sich in unseren Armen zu versöhnen.

Herzeleid

Der Menschen Herzen
sind anfällig für Schmerzen,
schlechte Worte, geringer Streit
verursachen oft großes Leid.
Verursachen nicht selten Krampf
im unerbittlichen Lebenskampf.
Meistens heilt die Wunde, manchmal nicht,
kommt vor, dass das Herz dann bricht.
In jedem Fall kriegt man im Nu
eine kleine Narbe hinzu,
die derb und zäh und nicht sehr zart,
sie wird im Lauf' der Zeit ganz hart.
Je mehr Hürden du erklommen,
mehr Narben noch hinzugekommen,
desto trister wird die Lage,
und es kommt dann ohne Frage
die Zeit, die es mit sich bringt,
dass dein Herz, steinhart, ums Überleben ringt.

Reise eines Fingers

Hoch von der Stirne faltenfrei,
knapp am Auge seitlich vorbei,
umrunde es wie zarter Hauch,
über den Nasenrücken auch.
Dann übers Jochbein hinters Ohr,
zurück bis an die Wange vor,
die Lippen nur ganz zart berühren,
nicht leicht sind Künste des Verführens.
Vom Kinn mal spitz, mal stumpf,
geht's überm Hals jetzt hin zum Rumpf.
Zuerst noch von der Schulter aus
weit über'm Ellenbogen raus,
durch die Hohlhand auf die Finger,
welche geschmückt mit teuren Ringen.
Retour an Armes Innenseite,
bis hinauf zur ganzen Breite
der Achselhöhle, welche fast
immer kitzlig, darum aufgepasst.
Und reich mit erotischen Gelüsten
geht es bergauf bis zu den Brüsten,
wo die Haut besonders weich
und auch meistens noch sehr bleich.
Eine Runde langsam drehen,
sich den Rest des Wegs besehen.
Sodann geht weiter unser Lauf
mal bergab und mal bergauf,
durch mehr oder weniger tiefe Falten,
auch bei Jungen, nicht nur bei Alten,
über Hügel – formidabel -
endlich bis zum tiefen Nabel,
den zärtlich wir umkreisen,
dabei die Figur hochpreisen.

Und wenn man jetzt genau hinschaut,
sieht man ein wenig Gänsehaut
über den Rücken rinnen,
worauf man anschließend von innen
genießt den Weg zur Seite
hin zur geheimnisvollen Leiste,
deren Enge uns erregt.
Doch geht weiter unser Weg
über Schenkel, Knie und Wade,
die Haut gebräunt wie Schokolade,
wieder empor um zu sehen und zu finden,
schließlich in tiefen Sphären zu verschwinden.

Glücklich und traurig

Wenn dein Blick wie die aufgehende Sonne strahlt - **dann bin ich glücklich**.
Wenn dein Blick trüb wie ein nebeliger Novembertag ist - *dann bin ich traurig*.
Wenn dein Gesicht dem Tag entgegenblickt wie eine Sonnenblume - **dann bin ich glücklich**.
Wenn dein Gesicht sich in Falten legt wie ein ungebügeltes Leintuch - *dann bin ich traurig*.
Wenn dein Lachen die Lippen in Spannung hält - **dann bin ich glücklich**.
Wenn deine Mundwinkel Stützen brauchen - *dann bin ich traurig*.
Wenn dein Mund voll von Ideen und Optimismus übergeht - **dann bin ich glücklich**.
Wenn dein Mund trübe Gedanken durch den Raum wirft - *dann bin ich traurig*.

Vermisst

Ich vermisse deinen erwartungsvollen Blick, wenn ich dich küsse.

Ich vermisse deine zärtlichen Hände, die unsicher über meinen Körper eilen.

Ich vermisse deine feine Haut, die mich an Samt und Seide erinnert.

Ich vermisse dein zufriedenes Schnurren, wenn du auf meiner Schulter ruhst.

Ich vermisse deinen heissen Körper, der sich morgens unter der Bettdecke streckt.

Ich vermisse deine Wankelmütigkeit, wenn Entscheidungen zu treffen sind.

Ich vermisse die Schwankungen deines Temperaments, wenn du unter Druck gerätst.

Ich vermisse deine zurückhaltende Hingabe, die romantische Stunden so spannend macht.

Ich vermisse dein Lachen, das allzu selten erklingt.

Ich vermisse **DICH!**

Warten

Die Leere der Räume
gähnt durch die Zimmer,
nur von dir ich träume
und vermisse dich immer.
Ich warte auf dich!

Ich hör' keinen Laut,
deine Stimme schweigt,
was ich zu dir sag',
das ist, was mir bleibt.
Ich warte auf dich!

Kein Schatten huscht hierher
und wieder zurück,
und nur immer wieder
dein Bild mir im Blick.
Ich warte auf dich!

Mir fehlt deine Hand,
die mich zärtlich berührt,
dein Mund mir bekannt,
der mich manchmal verführt.
Ich warte auf dich!

Zu viel Platz im Bett
für mich ganz allein,
es ist gar nicht nett
ohne dich zu sein.
Ich warte auf dich!

Endlich naht der Tag,
an dem du zurückkehrst zu mir,
welche Gefühle er mag
mir bringen von dir?
Du bist wieder hier!

Wieder zurück

Jetzt bist du wieder da, wie fein,
der Alltag holt uns hurtig ein.
Ein wenig da und dort fest putzen,
die Pause zwischendurch auch nutzen,
ausführlich zu reden
über alles, über jeden,
behend' auf allen Vieren
den Abfluss reparieren,
ein paar Mauern weiß bemalen,
alle Rechnungen bezahlen,
den Balkon vom Schmutz befrei'n,
sollt' ein Anliegen uns sein,
nicht vergessen Blumen gießen,
damit sie noch besser sprießen,
alles schnell und mit viel Druck,
geht's dahin mit Ruck und Zuck,
eines ist mir gänzlich klar:
Jetzt bist du wirklich wieder da!

Frage über Frage

Warum bist du traurig?
Warum bist du blass?
Was findest du schwierig?
Was erfüllt dich mit Hass?
Wann hast du leicht lachen?
Was erfüllt dich mit Neid?
Wem willst Freude du machen?
Wann sonst, wenn nicht heut'?
Wohin geht deine Reise?
Wer begleitet dich gern?
Warum sprichst du so leise?
Wie soll ich dich hör'n?

Ich weiß meine Fragen auf die Nerven dir gehen
und kommen andauernd auf dich zu.
Du kannst mich bisweilen kaum noch sehen,
ich haue schon ab und lass dich in Ruh'.

Lebst du noch?

Kannst du lachen und dich freuen?
Kannst du genießen und übermütig sein?
Kannst du mit Menschen reden
über dies und das, über alles und jeden?
Kannst du überhaupt noch lustig sein
und mit mir Essen gehen ganz fein?
Kannst du losgelöst die Natur durchwandern
von einem Ort zum ander'n?
Kannst du die Zeit noch spüren,
mich zu Unsinn verführen,
herumtollen wie früher?
Ich bin mir nicht sicher.
Lebst du noch?

Liebeswege

Die Liebe ist ein Leidensweg,
ein besonders enger Steg,
der über einen Abgrund führt.
Falls man das Gleichgewicht verliert,
stürzt man in eine tiefe Schlucht,
fühlt sich einsam und verflucht,
und es bedarf viel Müh' und Plage,
viel Anstrengung und lange Tage,
zu gelangen in die Höhe
um das Sonnenlicht zu sehen.

EHE

So schließt ihr nun den ew'gen Bund
um miteinand' zu leben,
tut allen eure Liebe kund,
die einander ihr wollt geben.

Seid zueinander immer nett,
vermeidet grobe Worte,
dies gilt nicht nur für's Ehebett,
sondern an jedem Orte.

Achtet die Persönlichkeit,
die jeder mit sich bringt,
denn auf Verachtung mit der Zeit
sie mit dem Tode ringt.

Die Liebe selbst gibt euch die Kraft
und lässt die Ehe sprießen,
damit ihr die Zeit der „Doppelhaft"
mit Wonne könnt genießen.

Liebesleben

Liebesträume, Liebesfreud'
werdet ihr erleben,
Liebeskummer, Liebesleid
wird sich auch ergeben.

Liebeslust und –tollerei
ohne ein Tabu,
wahre Liebe fest und frei
erkennt man nicht im Nu.

Egal, wie man's betrachtet,
im Dunkel oder Licht,
auf eines immer achtet,
ohne Liebe geht es nicht.

Mutter

Milde Güte in den Augen,
verständnisvoller Blick,
auch für Menschen, die nichts taugen,
so denk ich oft an dich zurück.

Die Stimme weich und doch bestimmt,
du weißt immer, was du willst,
dein Wort in deinen Arm mich nimmt,
als ob du einen Säugling stillst.

Winter

Die Landschaft wirkt grau, alle Farben so flau,
schwere Wolken wallen über Wälder und Au.
Schneeflocken fallen – groß und klein,
                zart und fein,
                so leicht und so weiß,
                werden am Boden schnell
                zu Eis.
Die Nebel zerreissen,
die Sonne durchdringt das grau und wird
gleissend,
                sticht auf das Eis
                mit spitzen Strahlen,
                zerstört es ganz leis,
bis nur noch das Nass den Boden durchtränkt
und in der Wärme als Dampf himmelwärts drängt.
Welch ein Glück –
                dein Herz taut auf und das Rot deiner Wangen kehrt
                wieder zurück.

Wolken

Weiße Wolken wirken freundlich, wenn sie wie Schäfchen
über den Himmel ziehen.
Graue Wolken drücken auf das Gemüt und Bedrücktheit
macht sich breit.
Rote Wolken ermüden mich, wenn sie im Licht der
untergehenden Sonne erglüh'n.
Schwarze Wolken verkünden unheilbringendes Geschehen
in schwül-sommerlicher Zeit.

Sie ziehen her und ziehen hin
flink übers Himmelszelt oder Trägheit im Sinn.
Steigen aus dem Nichts plötzlich auf,
der Wind bestimmt ihren weiteren Lauf.
Wie weiche Polster aus Schlagobers schwebend
über Berge durch Täler sie haltlos wallen,
und stürzen stumm auf die reizvolle Gegend,
ich glaube gar sie sind vom Himmel gefallen.

Gewitter

Dunkle Wolken, regenträchtig,
türmen sich steil, wild und mächtig,
entfernt zucken helle Blitze nieder,
das Tal gibt Donnergrollen wieder.
Aufkommender Wind bewegt die Bäume,
durch's offene Fenster zieht Luft in die Räume
und bringt statt drückender Schwüle
die längst erhoffte prickelnde Kühle.
Da einen Tropfen, dort einen Tropfen,
hört man auf die Scheiben klopfen,
nach Sekunden der Stille dann wie ein Stoss
bricht ringsherum das Inferno los.
Regen, Donner, Hagel und Blitz,
wir sitzen im Hause und sind geschützt,
hell erleuchtet das Firmament,
wie man es sonst nur aus Filmen kennt.
Das Wasser prasselt in Bächen herab,
so viel Regen es schon lange nicht gab,
ein Tosen und Brausen geht um das Haus,
manch' Bäume reisst es samt Wurzeln aus.
Ein Knall, ein Schlag, ein Feuerschein,
jetzt muss das Gewitter über uns sein,
doch schon verlässt uns das drohende Grollen,
man hört nur noch fern ein leises Rollen.
Der Niederschlag hat die Natur getränkt
ein nettes Grün sie uns jetzt schenkt,
wartet mit uns auf das Sonnenlicht,
das schon wieder durch die Wolken bricht,
und bald macht die Hitze das ganze Tal
durch Trockenheit wieder gelb und fahl.

Vier Jahreszeiten

Kondensierender Atem trübt die beissend klare kalte
Winterluft.
Unter rauen Sohlen knirscht der Schnee
Brennende Finger umklammern lichtbrechende Eiszapfen.
In klirrender Kälte fallen leis' zarte Flocken.

Der Wind bringt süßen Blütenduft.
Junge Hasen ergötzen sich im frischen Klee.
Vorbei die Zeit der Faschingskrapfen.
Ab und zu geht man nun schon in Socken.

Das Land suhlt sich in träger Schwüle.
Trockenheit und flimmernde Hitze lassen Flammen lodern.
Sehnsucht nach erfrischendem Nass erfüllt die Sinne.
Erbarmungslos sticht die Sonne herab.

Der erste Anflug von Kühle.
Verstohlen fallen manche Blätter und bedecken den Boden.
Herbstregen füllt Bäche und Gerinne.
Traurig düstere Nebel wallen auf und ab.

Regen

Regen fällt
in Tropfen und Strömen
auf unsere Welt
die Natur zu versöhnen.

Gelb und braun
waren Blätter und Gras,
traurig anzuschau'n,
jetzt ändert sich das.

Nun herrscht wieder Leben,
an der Farbe man sieht's,
der Natur gegeben,
wie aus dem Nichts.

Welle

Die Welle in der Meeresbucht
ihr Ziel zwischen den Steinen sucht,
es glänzt der Fels, es spritzt die Gischt,
wenn das Wasser d'rüberzischt.
Sodann zerbricht der Wellenkamm
am hohen, harten Uferdamm,
und kleine feine Wassertropfen
auf die Strasse niederklopfen,
während schon des Wassers Spiegel
von des Strandes sanftem Hügel
ganz langsam wieder seewärts zieht,
und rückstandslos ins Meer einfügt.

Tag für Tag

Siehst du die Sonne sich als blutrote Scheibe hinter dem Horizont erheben?

Ihre orange-roten Strahlen umhüllen Gegenstände und lassen Lebewesen aufleben.

Hitze ergießt sich über das ganze Land, wenn sie scheinbar mühelos die Höhe des Himmels erklimmt bis zum Zenit.

Gleichmäßig zügig geht es nun bergab, bis sich die Sonne schließlich als feuriger Ball hinter den Bergen unseren Blicken entzieht.

Morgenrot

Die ersten Strahlen legen sich sanft über das Land.
Gelbe Weizenfelder erstrahlen wie Gold.
Ein Flüsschen flattert wie ein glänzendes Band.
Das Grün der Au ist satt und voll.

Leiser Windhauch bewegt die Gipfel.
Milde Wärme breitet sich aus.
Im Morgendunst erahnt man ferne Gipfel.
Leben regt sich in jedem Haus.

Bis an den Horizont schweift mein Blick,
und ich sende Fernweh hinaus -
schnell wieder zur Realität zurück -
am schönsten ist es doch zu Haus'.

Sonnenuntergang

Untergehende Sonne
Augenschmaus und Wonne,
rot-gold'ner Wolkensaum
jedes Malers Traum.
Himmelwärts der Strahlenkranz
verhilft dem Grau zu noblem Glanz.
Des Tags zu Ende gehen
finden alle Menschen schön.
Doch ist des Lebens Ende
nicht auch wie Tag- zu Abendwende?
Auf der ganzen Welt, an keinem Orte
finden wir dafür schöne Worte.

Sonnenaufgang am Berg

Bizarre Felstürme leuchten im Morgenrot,
schneebezuckerte Gipfel erstrahlen in grellem Weiß,
das dunkle Tal tief unten ruht wie tot,
auf den taufrischen Almen gibt der Tag schon das
Sonnenlicht preis.

Der mächtige Adler absolviert elegant seinen ersten Flug,
die frühen Strahlen lugen hinter den Gipfeln hervor,
Baumwipfel wiegen sich in des Windes schwachem Zug,
die letzten Lichter im Tal schimmern wie Diamanten
empor.

Bergwanderung

Früh aus dem Bette, frohgemut,
nur schnell hinaus, wie gut das tut.
Die Luft ist kalt und klar,
die Aussicht wunderbar.
Mit sich'rem festem Tritt,
setzen wir Schritt für Schritt
vorbei an Kühen und Kälbern,
über Wiesen und durch Wälder
geht's steil den Berg hinan
zu Fuß und nicht mit Sesselbahn.
Die Bergblumen blühen,
die Berge erglühen
in der hellen Morgensonne
für jedes Auge Wonne.
Die ersten Höhen sind erreicht,
die Nacht nun endgültig entweicht,
kein Baum mehr weit und breit,
in unseren Herzen Fröhlichkeit.
Nur wenig Gras bedeckt den Boden,
dazwischen Stein, bis höher oben
das Grün endgültig verschwindet,
je weiter unser Weg sich windet.
Bizarre Felsen, Schotterhalden,
es tut gut sich festzuhalten,
so geht es hin noch manche Stunde,
ganz still, nur leiser Wind bringt Kunde,
dass wir den Gipfel bald erreichen,
 wir sehen schon das Kreuz als Zeichen
der höchsten Stelle auf dem Berg,
na los, beenden wir das Werk.
Hoch oben über dem Tal
verträgt man einen warmen Schal,

und auf der höchsten Bergesspitze,
gleich neben einer Felsenritze,
setzen wir uns jetzt zur Pause,
genießen sehr die gute Jause.
Noch ein paar Blicke in die Ferne,
daran unser Gemüt sich wärme,
bevor es wieder talwärts geht,
sonst wird's womöglich noch zu spät.
Nach etlichen weiteren Schritten
öffnet sich plötzlich inmitten
von vier Bergesgipfeln
mit schneebedeckten weissen Zipfeln,
ein Tal mit einem klaren Teich,
das sanfte Ufer weich
und grün bewachsen,
tut gut den müden Haxen.
Diesen Anblick kurz genießen,
weil wir wieder weiter müssen.
Wir achten gut auf jeden Tritt,
denn müde ist schon unser Schritt,
und über Stock und Stein,
kann bergabgeh'n auch gefährlich sein.
Kaum erreichen wir Latschen und Kiefern,
sinkt die Sonne auch schon tiefer,
und das letzte Stück im Wald
wird es dunkel, aber bald
guckt unser gemütliches Haus
versteckt unter den Bäumen raus,
und auf des Weges letztem Stück
blicken wir noch einmal zurück
auf den Berg, den wir erklommen,
und den jetzt die Abendsonne
mit glutrotem Lichte überzieht,
bevor der Tag der Nacht entflieht.

Behaglich

Das Feuer knistert im Ofen, Funken sprühen empor,
die Kinder lümmeln am Sofa, der Hund liegt faul davor.
Das Licht im Raum – es zuckt und flimmert, die Blicke starr
und verklärt,
die matte Scheibe pastellfarben schimmert, jeder staunt
über das, was er sieht und hört.
In fernen Ländern grausamer Krieg, Menschen, die von
Bomben getroffen werden,
am Christbaum die Inschrift auf gläserner Kugel „Friede
den Menschen auf Erden".
Hungernde Kinder mit trübem Blick, hilflose Augen, die
leiden,
am Tisch dampft der Tee und der Teller mit Kuchen, wie
uns wohl alle beneiden.
Das Wasser ergießt sich durch Haus und durch Flur,
Menschen fliehen mit Kindern im Arm,
wir rücken zusammen und lehnen bequem, bei uns ist es
trocken und warm.

Gedanken

Trübe Gedanken
um meinen Kopf sich ranken,
breit macht sich Depression
und im Nu auch wieder davon.

Frohe Gedanken
um meinen Kopf sich ranken,
das Herz sich erfreut
an grenzenloser Heiterkeit.

Traurige Gedanken
um meinen Kopf sich ranken,
Augen, die überquellen mit salziger Flut
lass die Tränen rinnen, es tut so gut.

Zynische Gedanken
um meinen Kopf sich ranken,
wie Giftpfeile mitten ins Herz
sie zerstören die Seele und verursachen Schmerz.

Freche Gedanken
um meinen Kopf sich ranken,
keck und spitz
niemanden achtend mit distanzlosem Witz.

Romantische Gedanken
um meinen Kopf sich ranken,
voll Sehnsucht und Zärtlichkeit
aus kosender Hand
zur großen Liebe bereit.

Erotische Gedanken
um meinen Kopf sich ranken,
mit rotem Schleier verhüllt
erahnst du der Liebsten
nacktes Körperbild.

Kriegerische Gedanken
um meinen Kopf sich ranken,
Töten, Mord und Gewalt
schwächen dein Ich und
nur Nächstenliebe gibt dir wieder halt.

Freundschaftliche Gedanken
um meinen Kopf sich ranken,
Herzen erobern mit unwiderstehlichem Charme,
Treue nehmen und schenken
macht Beziehungen erst richtig warm.

Mein bester Freund

Wir lieben uns sehr,
ich Hund – er Herr.
Die größte Freud' im Hundeleben
ist mit dem Herrl was zu erleben,
so freut es mich ganz ungemein
mit ihm in der Natur zu sein.
Ein bisschen geh'n, ein wenig laufen,
auch mal so nebenbei verschnaufen,
an vielen Stellen Haxerl heben,
der Natur von mir was geben.
So ziehen wir durch Wald und Flur,
was mich nur stört, das ist die Schnur,
die ich um den Hals gebunden,
und die seit klein auf mich geschunden.
Doch manchmal scheint er mir zu trauen
und auf meine Vernunft zu bauen,
die Leine weg, welch ein Vergnügen,
so richtig einmal Luft zu kriegen.
Ich rieche hier, ich schnüffle dort,
jetzt zieht mich keiner von wo fort,
ich bleib solange es mir passt
und setz' gemütlich mich ins Gras,
dann lauf' ich wieder etwas vor,
umkreis' mein Herrchen noch davor,
eh ich urplötzlich pfeilgeschwind
im hohen Grase ganz verschwind'.
Ich spür es gleich, er sucht nach mir,
und schon bin ich wieder hier,
doch schau, da vorn, da sitzt doch was,
mitten am Weg ein großer Has'.
Er putzt in Ruh die langen Ohren,
„na wart mein Freund, du bist verloren".

Ich starte schnell und gebe Gas,
schon hüpft er weg ins hohe Gras
und läuft rapid in zick und zack
wie ein Wirbelwind bergauf, bergab.
Ich hinterher in vollem Lauf
„Das Rennen nehm' ich mit dir auf".
Weit hinten pfeift mein Herr verzweifelt,
ich hör schnell weg, jetzt hab ich's eilig.
Inzwischen wird der Abstand klein,
ich hab ihn schon, gleich ist er mein.
Ein schneller Haken trickst mich aus,
ich renne nur geradeaus.
Die letzte Hoffnung ist zerronnen,
der Hase hat die Jagd gewonnen.
Müde schleiche ich zurück,
des Herrchens Auge glänzt vor Glück,
dass ich wieder bei ihm bin,
so geh ich eben zu ihm hin.
Lass mich ein wenig von ihm kosen,
reib meinen Hals an seinen Hosen.
Ich werd' den Ausflug nie vergessen,
doch bin ich sicher nicht so vermessen
in meinem Innersten zu glauben,
er wird mir wieder mal erlauben
ohne Leine mit ihm zu geh'n,denn
mich kann mein Herr nie richtig versteh'n.
So dreh' ich eben angebunden,
mit ihm durch einen Strick verbunden
noch viele wunderschöne Runden.

Die Nachbarin

Das Fenster offen wie ein Scheunentor
spukt seltsame Töne aus.
Das Keifen klettert die Häuserwand empor
dringt sogar ins gegenüberliegende Haus.

Eine Wortlawine füllt blitzschnell die Gasse,
der Tonfall nichts Gutes verspricht,
aus jedem Laut ergießt sich mit Hasse
nur Unheil ans Tageslicht.

Wie eine Kobra, die zischend ihr Gift verspritzt,
ihre Opfer lähmt und noch mehr
ins Unglück stürzt,
so fällt sie über Mitmenschen her.

Wie spitze Pfeile treffen die Worte
ins Bewusstsein, mitten ins Herz,
zu Haus', auf der Straße an sonstigem Orte,
verursachen tiefen Schmerz.

Krämerin, Freundin und Ehemann,
nicht mal vor dem Pfarrer ist halt,
selbst Ermahnen sie nicht bremsen kann,
so wird sie schön langsam alt.

Auf dem Totenbett schon halb hinüber,
ihr Körper ist kraftlos und matt,
die spitze Zunge wird kein bisschen müder,
nimmt sich vor den Mund kein Blatt.

Der Tod sorgt endlich für Ruhe im Haus,
Erleichterung macht sich breit,
ganz leise trägt man sie jetzt hinaus,
damit sie nicht aufwacht vielleicht.

So mancher glaubt in düsterer Nacht
ihre Stimme zu hör'n aus dem Grab,
die sich beklaget mit aller Macht,
welch' schlechten Platz man ihr gab.

Im Hotel

Aus der Ferne angereist
finde ich im Hotel
ein Zimmer ganz verweist
und beziehe es ganz schnell.
Kurz noch duschen, frisches Gewand,
rasieren, Haare bürsten,
das Buffet ich köstlich fand,
ein Bierchen noch gegen das Dürsten.
Husch, husch, jetzt nichts wie rein ins Bett
die Ruhe voll genießen,
das Zimmer, scheint mir, ist recht nett,
nur kitschig sind die Fliesen
im Badezimmer und im Klo,
die Wände bilderlos,
das Bett knarrt etwas unterm Po,
die Matratze weich wie Moos.
Das alles aber stört mich nicht,
bin viel zu müde heut',
sobald die dunkle Nacht anbricht,
gibt seel'ge Ruhe mir Geleit.

Doch mitten in der Nacht,
was ist das für ein Krach?
Ein lautes Trippeltrapp,
stiegauf und auch stiegab,
auf lauten, harten Sohlen
scheint jemand heimzurollen,
nachdem er halbe Nacht gezecht,
und ihm deshalb noch richtig schlecht
vom vielen Wein und Sekt,
die Schlafenden er aufgeweckt.

Nach kurzer Zeit ist wieder Ruh',
ich dreh' mich auf die Seite,
wieder fällt das Aug' mir zu,
denk' nicht an diese Leute.

Doch mitten in der Nacht,
was ist das für ein Krach?
Ein Quietschen und ein Stöhnen
können die sich nicht bezähmen?
Ist's Rauferei, ist's Liebeslust?
Ich hätt's nur allzu gern gewusst.
Halblautes Seufzen dringt durch die Wände,
nach einem Schrei – endlich das Ende.
Noch schnell ein heimliches Getuschel,
ein Rascheln und ein leis' Gemuschel.

Heissersehnt ist diese Stille,
die mich in die Arme nimmt,
und in mir spür' ich den Willen
zu schlafen wie es sich geziemt.
Dreh mich hin und dreh mich her,
bin jetzt völlig munter,
wie angenehm ein Bier jetzt wär',
geh in die Bar hinunter.
Trinke nur ein Glas in Ehren,
bin ich nicht sehr brav?
Kann der Müdigkeit mich nicht erwehren,
fall' sofort in tiefen Schlaf.

Doch mitten in der Nacht,
was ist das für ein Krach?
Ein Donnergrollen, wie ein Gewitter,
lässt die Wände nun erzittern.
Schließlich ein Plätschern und ein Brausen,
ein Zischen und ein Sausen,
so laut als wie ein Wasserfall,
der vom Berg stürzt in das Tal,
danach betäubendes Gurgeln,
wie aus tausend Orgeln,
man spürt nun förmlich den Sog,
der alles in die Tiefe zog.

Das Getöse ist vorbei,
ich werd' noch etwas lesen,
damit ich wieder müde sei,
die Nacht ist kurz gewesen.
Am Morgen sind die Augen rot,
schlepp' mich zum Frühstück hin,
ich glaub', ich schaue aus wie tot,
doch kommt mir in den Sinn,
zu suchen unter all den Gästen
die Übeltäter von heut' Nacht,
ich würd' sie gern am Spieße rösten,
die, die mich um den Schlaf gebracht.
Mit leidensvollen Mienen
starren alle in die Ferne,
würden Ruhe sich verdienen,
die Schläfer und die Schwärmer.

Radleridylle

Ringsum Fahrradgebimmel,
die Sonne strahlt vom Himmel,
das Hemd klebt feucht am Rücken,
schöner Tag voller Entzücken.
Ein Tritt und noch ein Tritt,
die gute Laune, die fährt mit.

Drahtesels Sattel – die Ferne ruft,
die Luft erfüllt mit Pollenduft,
süßlicher Blumengeruch
breitet sich aus wie ein Seidentuch.
Ein Tritt und noch ein Tritt,
die gute Laune, die fährt mit.

Wie in den Armen der Mutter Kind
wiegen grüngelbe Ähren im Sommerwind,
dazwischen aus Kornblumen ein Meer,
ein Augenschmaus, gefällt uns sehr.
Ein Tritt und noch ein Tritt,
die gute Laune, die fährt mit.

Ein wenig bergauf, ein wenig bergab,
so geht es weiter den ganzen Tag,
unser Gespräch wird weniger und stiller,
deutlich zu hören der Vögel Getriller.
Ein Tritt und noch ein Tritt,
die gute Laune, die fährt mit.

Vorbei an Wiesen mal trocken, mal feucht,
viel Ungeziefer da kreucht und fleucht,
Naturidylle soweit das Auge reicht,
noch fällt allen das Strampeln leicht.
Ein Tritt und noch ein Tritt,
die gute Laune, die fährt mit.

Ein schönes Plätzchen mit einer Bank,
danach sehnen wir uns schon lang,
wir steigen ab ganz ohne Hast
und beginnen unsere Mittagsrast.
Ein Tritt und noch ein Tritt,
die gute Laune, die fährt mit.

Von oben spenden Bäume Schatten,
unter den Füssen moosbedeckte Matten,
die Brise lässt ganz plötzlich nach,
solch' Stimmung langsam müde macht.
Ein Tritt und noch ein Tritt,
die gute Laune, die fährt mit.

Am Rücken liegen, die Wolken betrachten,
wie sie über den Himmel hasten,
ob nord oder süd, ob ost oder west,
wohin der Wind sie wandern lässt.
Ein Tritt und noch ein Tritt,
die gute Laune, die fährt mit.

Die Landschaft wird immer blasser,
stiller auch des Bächleins Wasser,
das Gezwitscher wird leise zur Mittagsruh',
uns fallen schon langsam die Augen zu.
Ein Tritt und noch ein Tritt,
die gute Laune, die fährt mit.

Die Seele baumelt, der Körper entspannt,
dieses Gefühl uns übermannt,
doch aus den Träumen zurückgekehrt,
setzen wir fort unser Tageswerk.
Ein Tritt und noch ein Tritt,
die gute Laune, die fährt mit.

Der Wind wird kühler und auch stärker,
drohende Wolken wir bemerken,
sie steigen empor und zwar sehr rasch,
jetzt nichts wie treten hoppauf, rasch.
Ein Tritt und noch ein Tritt,
die gute Laune, die fährt mit.

Trotz der zunehmenden Kühle
wird uns durch die Anstrengung recht schwüle,
doch schon beim ersten Regentropfen,
sind wir zu Hause eingetroffen.
Ein Tritt und noch ein Tritt,
die gute Laune, die fährt mit.

Jeder Mitradler von dem Erlebnis kann
noch zehren einige Tage lang,
desgleichen spürt er in seinen Wadeln
ein Brennen und Ziehen vom vielen Radeln.
Ein Tritt und noch ein Tritt,
die gute Laune, die fährt mit.

Doch bald sind alle Mühen vergessen,
und wir sind vom Gedanken fast besessen
an einem der nächsten schönen Tage
wieder so einen Ausflug zu wagen.
Ein Tritt und noch ein Tritt,
die gute Laune, die fährt mit.

Reise

Wenn einer eine Reise tut, dann kann er viel erzählen,
vor allem muss er anfangs, sein Reiseziel auswählen.

Erst muss man in Bälde
den Urlaub anmelden,
in Prospekten suchen,
eine Unterkunft buchen,
Diskussionen meiden,
sich endlich entscheiden,
eine Anzahlung leisten,
was auch den meisten
von uns, wie man meint,
selbstverständlich erscheint.
Bald packt man die Koffer
mit Kleidern aus Stoffen,
die für das Urlaubsland
ausgewählt mit viel Verstand.
Die Blumen noch gießen,
damit sie auch sprießen,
wenn man außer Haus.
So, jetzt weg und hinaus,
eilt man zum Flughafen,
hätt' zwar gern noch geschlafen,
doch der Start ist sehr früh,
d'rum geht's ab mit Tatü.
Check in und Passkontrolle,
schnell etwas zum Lesen holen,
eine Kleinigkeit noch essen,
Geld umtauschen nicht vergessen.
Endlich fliegen, sehr bequem,
von oben gibt es viel zu seh'n,

nach der Landung in den Bus,
weil man ins Hotel schnell muss.
Schließlich will man seinen Urlaub
auch genießen mit Verlaub,
mal ins Meer und in den Pool,
an die Bar, das ist sehr cool,
lange in der Sonne liegen,
einen Sonnenbrand auch kriegen.
Nächtelang hindurch gern tanzen,
müde wird man von dem ganzen,
zum Schlafen ist zu wenig Zeit,
schließlich hat man voll bezahlt.
So geht es jetzt Wochen lang,
uh – das ist ein schwerer Gang,
endlich dann am letzten Tage,
stellt man sich die große Frage:
Hat der Urlaub sich gelohnt,
wenn man in der Fremde wohnt?
Zu Hause einmal angekommen,
hat man sich dann vorgenommen
die weiteren Urlaubswochen,
darauf will man gerne pochen,
des Jahres angenehmste Zeit
in Ruhe und Beschaulichkeit
zu Hause zu verbringen,
das sollte doch gelingen.

Radlerpech

Quer durch die Lacke,
darin etwas Gacke,
und voller Entzücken
seh' ich am Rücken,
durchaus niedlich anzuschau'n,
einen stinkenden Streifen ganz braun,
doch nützen mir jetzt nicht einmal lyrische Sphären
um eine Radlerin am Radweg zu betören.

Festspiele

Der Intendant läuft hin und her,
wenn alles nur vorbei schon wär,
Regenwolken hängen tief,
die Nacht hindurch er wenig schlief.
Schädeldrücken, rote Augen,
Mitarbeiter, die nichts taugen,
nur die Hauptdarsteller sind sehr gut,
holen die Kastanien aus der Glut.
Endlich erstrahlt das Lichtermeer,
Schauspieler kommen von überall her,
auf die Bühne zwischen die Kulissen,
steckt viel Arbeit drin, das sollt' man wissen.
Es wird gesungen und gesprochen,
getanzt und plötzlich abgebrochen,
weil ein starker Regenguss
grad jetzt das Spiel auch stören muss.
Doch nach 'ner knappen halben Stunde
geht's auf zur nächsten Schauspielrunde
bis der Akt zu Ende ist
und Applaus sich frei ergießt.
In der folgenden Pause
geht's zur wohlverdienten Jause
ans Buffet und an die Bar,
doch war im vorigen Jahr
geschmackvoller das Essen.
Wenigstens der Wein, dessen
Bukett hervorragend scheint,
wird für viele Trost heut sein.
Frisch gestärkt und frohgemut,
denn eine Labung tut sehr gut,
zur Erleichterung schnell noch pissen,
zurück vor die Festspielkulissen,

hinter denen, was niemand merkt,
ein fleissig Team andauernd werkt.
Der zweite Teil mit viel Trara,
Balletteinlagen, Tralala
wird ausgespielt und zwar behend'
bis zum bitt'ren Happy End.
Und nach der pflichtgemäßen Ovation,
gibt's die eigentliche Attraktion,
ein Feuerwerk ganz wunderbar,
man sieht, dass es sehr teuer war.
Und viele freun' sich unvernommen,
nur deshalb sind sie hergekommen.
Kaum ist der Beifallsturm verhallt,
das letzte Achterl auch bezahlt,
dringt des Intendanten Stimme
in der Besucher tiefes Inn'res,
wiederzukommen nächstes Jahr,
am besten aber immerdar.
Vom Essen satt, vom Wein beschwingt,
manch Arie noch einer singt,
geblendet von Kulissen und Kostümen,
Scheinwerferglanz auf heller Bühne,
geht man zum Parkplatz raus
und fährt spät nachts nach Haus'.
Bei allem Glanz und Glorienschein
sollte uns bewusst auch sein,
dass wir Bürger das bezahlen,
wofür andere sich prahlen.
Eintrittspreise nicht allein
lassen Kultur erfolgreich sein,
Werbeflächen, Subventionen
sorgen dafür, dass Festspiele sich erst richtig lohnen.

Wisch wasch

Wisch wasch, wisch wasch,
so zischt es durch das Haus,
wisch wasch, wisch wasch
mit meiner Ruh' ist's aus,
wisch wasch, wisch wasch,
der letzte Dreck muss weg,
wisch wasch, wisch wasch,
jeder Schmierer, jeder Fleck.
Wisch wasch, wisch wasch,
ich kann dem nicht entflieh'n,
wisch wasch, wisch wasch,
muss auch die Schuh' ausziehn,
wisch wasch, wisch wasch,
jetzt nichts wie ruhig bleiben,
wisch wasch, wisch wasch,
„darf ich jetzt dort hinsteigen?".
Wisch wasch, wisch wasch,
„der Boden ist ganz nass,
wisch wasch, wisch wasch,
geh lieber raus ins Gras!"
Wisch wasch, wisch wasch,
und von des Besens Kraft,
wisch wasch, wisch wasch,
werd' ich in den Hof geschafft.
Wisch wasch, wisch wasch,
„komm jetzt nicht wieder rein,
wisch wasch, wisch wasch,
der Boden muss erst trocken sein.
Wisch wasch, wisch wasch,
die Schuhe lass' gleich draussen steh'n,
wisch wasch, wisch wasch,
sonst wird's bald wieder schrecklich ausseh'n,

wisch wasch, wisch wasch,
auch barfuß reingeh'n ist nicht nett,
wisch wasch, wisch wasch,
denn auf den Füssen klebt viel Fett!"
Wisch wasch, wisch wasch,
am besten wäre schweben,
wisch wasch, wisch wasch,
sonst werde ich den nächsten Putztag sicher nicht erleben.
Wisch wasch, wisch wasch,
es bricht herein die finst're Nacht,
wisch wasch, wisch wasch,
des Tages Arbeit ist vollbracht,
wisch wasch, wisch wasch,
gewaschen und gekämmt, geschniegelt und adrett
wisch wasch, wisch wasch,
schleiche ich auf trock'nen Sohlen schnell ins
Ehebett.
Wisch wasch, wisch wasch,
in diesem stillen Schlafensraum
wisch wasch, wisch wasch,
falle ich sofort in tiefen Traum.
Wisch wasch, wisch wasch,
doch wehe, wie geschieht es mir?
Wisch wasch, wisch wasch,
die Putzkollonne hör ich vor der Tür,
wisch wasch, wisch wasch
Kübel scheppern, Besen kehren,
wisch wasch, wisch wasch,
Fetzen wischen hin und her.
Wisch wasch, wisch wasch,
durch meinen Kopf, durch meine Sinne
wisch wasch, wisch wasch,
hör ich der Liebsten strenge Stimme,

wisch wasch, wisch wasch,
die jedes Körnchen Staub hier sucht,
wisch wasch, wisch wasch,
flink ergreife ich die Flucht.
Wisch wasch , wisch wasch,
schweißgebadet werd' ich munter,
wisch wasch, wisch wasch,
geh frohgemut die Stiegen runter,
wisch wasch, wisch wasch,
um nach des Traumes Schrecklichkeit
wisch wasch, wisch wasch,
zu genießen frohe Wirklichkeit,
wisch wasch, wisch wasch,
bieg zur Küche um das Eck,
wisch wasch, wisch wasch,
da packt mich eiseskalter Schreck,
wisch wasch, wisch wasch,
es dringt durch's Ohr in meinen Kopf,
wisch wasch, wisch wasch,.........

Fliege

Ein heller Sommermorgen
strahlt durch das Fenster rein,
ein Tag ohne viel Sorgen
soll heut genossen sein.

Ich dreh mich auf die Seite,
drück die Augen nochmals zu,
was mich schon immer erfreute
noch etwas Morgenruh'.

Da hör ich schon von ferne
das störende Gebrumm,
werd' wach, und das nicht gerne
und dreh mich wieder um.

Doch diesmal klingt es näher,
kommt dröhnend auf mich zu,
wenn ich sie nur mal sähe,
dann fang ich sie im Nu.

Da schwirrt sie hin, da schwirrt sie her,
setzt sich auf mein Ohr,
ich schlag daneben, ärgere mich sehr,
bin viel zu langsam kommt mir vor.

Als nächstes Angriffsziel
erwählt sie meine Nase,
ein wenig wackeln hilft nicht viel
und auch nicht, wenn ich blase.

Ich setz mich auf mit Hinterlist,
jetzt naht sogleich dein Ende,
wenn sie nur mal zu müde ist,
dann hätt' ich sie behände.

Und in der Tat jetzt landet sie
mitten auf der Decke,
halt meine Hand schräg vis a vis
und bring das Untier schnell zur Strecke.

Jetzt ist's vorbei, jetzt hab ich Ruh
bis zum Mittagessen ran,
doch bin ich wach, was soll ich tun,
weil ich nun nicht mehr schlafen kann.

Feminismus

Die Frau, die war sehr lange Zeit
vom Mann verwöhnt, was sie sehr freut,
jedoch im zwanzigsten Jahrhundert
wollte sie, was doch sehr wundert,
raus aus dem Haus ins harte Leben.
Die Kraft nur der Familie geben
war an Belastung ihr zu wenig.
So blieb sie erst mal länger ledig,
genoss allein im Bette zu liegen,
verzichtete auf's Kinderkriegen.
Ganz allein auf sich gestellt
veränderte sie nun die Welt.
Ein Singelleben, ganz allein,
schien jetzt ihr Gebot zu sein,
nur selber über sich entscheiden
und die Männer auch zu meiden
war ihr allerhöchstes Ziel,
gab ihr anscheinend sehr viel.
Mit kurzem Haar, gestähltem Blick
sieht sie nach vorn und nicht zurück,
Karriere ist nun angesagt,
was immer das bedeuten mag:

„Mein Körper ist allein mein Eigen,
ich kann es überhaupt nicht leiden,
wenn jemand sich die Freiheit nimmt
und über mich einfach bestimmt.
Von nun an will ich selber handeln,
meine Persönlichkeit verwandeln,
bin auch nicht darauf erpicht,
wenn mir wer zuwiderspricht.

Schwanger werden, Kinder kriegen
soll in meiner Macht nur liegen,
die Erziehung soll so sein
wie ich will und schaff's allein.
Passt einmal das Timing nicht,
so dass mein Plan zusammenbricht,
hab' ich zur Hilfe für das Ganze
sicher zur Hand ein paar Emanzen.
Bedingungslos zusammenhalten
um uns're Freiheit zu verwalten,
das ist uns Frauen sehr viel wert
und sicherlich nicht ganz verkehrt.
Wir brauchen keine starken Männer,
keine Trinker, keine Penner,
keine unfehlbaren Besserwisser,
keine Klo-daneben-Pisser,
oberg'scheit und stur und geil –
nur im Feminismus liegt das Heil.

Letzte Männerdomäne

Es war nicht gestern, auch nicht heut',
sondern vor sehr langer Zeit,
da war, so lautet Gottes Plan,
die Frau dem Manne untertan.
Zu dienen Tag für Tag und nicht
zu widersprechen galt als Pflicht.
Doch dieses Dienen passt den Damen
im Lauf' der Zeit nicht in den Rahmen.
So schmiedeten sie ernste Pläne
einzudringen in männliche Domänen,
Tischler, Schneider, Pfarramtsleiter,
Mechaniker und auch Gefreiter,
Gerichtsvollzieher, Rechtsanwalt,
Direktor einer Strafanstalt,
Manager, Chefarzt und Schofför,
Professor, Richter und Frisör.
Weit haben wir's bis jetzt gebracht.
Die Frau besitzt die ganze Macht.
Doch eines kann sie nie uns nehmen,
ob in Wien, Paris oder in Bremen,
an Bäumen, Mauern und in Winkeln
können nur wir Männer im Stehen pinkeln.

Erben

Wenn die Alten sterben,
freuen sich die Erben.
Werden die Ahnen auch geliebt,
wenn es nichts zu erben gibt?
Mancher ist sehr überrascht,
wenn er vom Kuchen nichts erhascht.
Vielleicht hat der liebe Tote eben
in seinem langen Erdenleben
gelebt in Saus und Braus,
gab alles Geld gern selber aus.
Am Ende ging es rasch bergab,
es fehlt sogar noch was für's Grab,
sodass die Hinterbliebenen
des bleichen Hingeschiedenen
die Erbschaftslust total verlieren
und mit langen und verweinten Gesichtern
hinterm Sarg einher marschieren.

So ein Glück

Hohle Akkustik prägt die Halle,
murmelndes Beten schwelt durch den Raum,
traurig-ernste Gesichter sind für alle
Pflicht, was and'res akzeptiert man kaum.

Rote Augen und triefende Nasen,
die Haut wird blasser und lichter,
die Hand am Taschentuch, fertig zum Blasen,
tiefer Gram verzerrt die Gesichter.

Der Pfarrer zum gewohnten Ritual erscheint,
besorgt routiniert seine Pflicht,
hinter dem Sarg in Trauer vereint
die Hinterbliebenen, denen das Herz fast bricht.

Schon ruht auf starken Schultern der Sarg,
der Konvoi setzt sich in Bewegung,
was wohl in den Köpfen vorgehen mag,
die Gesichter zeigen kaum Regung.

Am Grab sprechen alle das letzte Gebet,
der Chor noch ein Lied anstimmt,
beim Herablassen die Truhe ins Schwanken gerät,
manch' Träne über die Wange rinnt.

Hände schütteln, tröstende Worte,
der Blick auf die Uhr – obligat,
nur weg von diesem unheimlichen Orte,
es reicht für den heutigen Tag.

Beim Totenschmaus erst gedämpftes Reden,
dann wird's lauter und schließlich auch heiter,
Speis und Trank beflügeln das Gemüt eines jeden,
was soll's, das Leben geht weiter.

So spät schon, Zeit zum nach Hause Gehen,
genug gegessen, gesoffen,
bin gut gelaunt, ihr werdet's versteh'n,
es hat ja wen ander'n getroffen.

Ehrlichkeit

Ehrlichkeit verliert an Wert,
weil jeder besser damit fährt,
so oft wie möglich sie zu erwähnen
und ihre Grenzen schamlos auszudehnen.
Als natürliche Reaktion
kommt es zur Ehrlichkeitsinflation.

Friede

Der Friede sei mit dir!
Warum denn nicht mit mir?
Wir sollten uns besinnen
und bei uns selbst beginnen.

Wahrheit

Ein Mensch, der hört mit seinen Ohren
immer nur Wahrheit seit er geboren,
als Kind und auch als Jugendlicher
ist alles ganz wahr und sicher.
Doch kann er in Zukunft mit Entschiedenheit
nicht unterscheiden zwischen Wahr- und Unwahrheit.

Begehrlichkeit

Ein großes Maß Begehrlichkeit
ergibt auch viel Verlangen,
und ist wohl in der heut'gen Zeit
im Übermaß vorhanden.

Egoismus

Egoismus ist eine Eigenschaft,
die lehrt dich mit aller Kraft
selbst in Szene nur zu setzen,
die ander'n lässt du für dich hetzen.
Verzicht auf jeden Kompromiss,
das kannst du ganz gewiss
in kurzer Zeit, doch wird es schwer,
im Leben reisst's dich hin und her,
du glaubst nur dich allein
zu lieben muss jetzt sein.
Doch weiß der rechte Egoist
gar nicht, was Liebe zu sich selber ist,
und wer sich selbst nicht liebt,
auch and'ren keine Liebe gibt.

Reinigung

Frisch geduscht durch's Leben geh'n
finden viele Menschen schön,
doch die warmen Wasserbäche
säubern nur die Oberfläche,
die Flecken tief im Inner'n drin',
da kommt das Nasse gar nicht hin,
die kriegt man nicht mit Wasser weg,
die sind viel hartnäckiger als Dreck,
da bleibt als letzte schwache Hoffnung
nur eine Seelenreinigung.

Festrede

An diesem schönen Orte
begrüße ich zum heut'gen Feste
alle lieben Festtagsgäste
und spreche nur ganz wenig Worte.
Schließlich warten alle hier
ohne viel Verzögerung
auf die wohlverdiente Unterhaltung
bei Würstel und bei Bier.

Dass der Herr Landeshauptmann heut'
zu uns gefunden, mich sehr freut,
sein Stellvertreter ist so frei
kommt auch auf einen Sprung vorbei.
Je ein einflussreicher Abgeordneter
von rot, grün, schwarz und blau
sowie der Herr Gefängniswärter
gemeinsam kam mit der Bezirkshauptfrau.
Mein lieber Vizebürgermeister ist mit dem
Gemeinderat erschienen,
Volkschuldirektor, Feuerwehrhauptmann und
Kindergartentante darf ich auch noch erwähnen.
Ein Dank an den Herrn Pfarrer, dass
er uns die heil'ge Messe las.
Ich geh' in meiner Liste weiter
und begrüsse inniglich
unsere Gemeindearbeiter,
die unseren schönen Ort
stets betreuen fürsorglich.
Die Sekretärinnen, die lieben,
die alle Einladungen schrieben,
den Obmann vom Kulturverein,
den Leiter der Musikkapelle,

sie alle haben es verdient
heute hier genannt zu sein.
Alle Leut' von fern und nah
sind herzlich mir willkommen,
ja unser Kreisarzt ist auch da,
hat sich nichts and'res vorgenommen.
Damit die Ungeduld nicht wächst,
möchte die Rede ich jetzt schließen.
Die Sachlage habe ich ausführlich erklärt.
Es bleibt mir noch übrig sie alle zu grüßen.
Im Anschluss gibt's noch Speis' und Trank,
den Frauen, die dafür sorgten,
gilt mein besond'rer Dank.
Zum Abschluß mögen sie mir gönnen
d'rauf hinzuweisen, zu erwähnen,
dies Fest wird die Gemeinde zahlen.
Bedanken sie sich bei den nächsten Wahlen!

Politik

Manch nettes Theaterstück
spielt in der hohen Politik,
die Darsteller von gestern und heute
sind sympathische und liebe Leute.
Eloquent und talentiert,
wie man nur durch Schulung wird,
erscheinen sie dann im TV
und erklären ganz genau,
warum wir arme Steuerzahler,
ob mit Euro oder Taler,
um unsere Sünden abzubüßen,
noch mehr Steuer zahlen müssen.
Als Ausgleich für diese Aktionen
erhöhen sie die Politikerpensionen,
dies sei unbedingt vonnöten,
denn auf die paar miesen Kröten
kommt es wirklich gar nicht an.
Als nächstes folgt sodann
die überraschende Erklärung
für die gesamte Regierung
inklusive Opposition
der gesamten Nation,
die Bezüge zu erhöhen,
denn es ist leicht einzusehen,
dass man keinen Menschen findet,
der an diesen Job sich bindet,
wenn dieser nicht genug dotiert.
Der Dienstwagenpark wird
aufgestockt mit Autos des
BMW Konzerns und von Mercedes,
denn schließlich sollt' man sich nicht zieren
und ordentlich repräsentieren.

Wobei im Auto Sicherheit
ganz wichtig ist, besonders heut'.
Die anfallenden Kosten
gehen zwar zu unser Lasten,
doch wenn wir brav und fleissig sind,
das weiß bei uns doch jedes Kind,
und wenn wir schuften wie die Affen,
dann werden wir auch das noch schaffen.

Kultur

Ein Mensch, der fährt zur Operette
in das ferne Mörbisch hin,
er findet sie dann auch recht nett,
und reist danach zurück nach Wien.

Wenig später ist's 'ne Oper
in einem Steinbruch heiß und tief,
danach die Inszenierung lobt er,
obwohl die Hälfte er verschlief.

Auch Salzburgs Jedermann ist Pflicht,
am Domplatz sie stattfand,
die Moral davon, die merkt er nicht,
hat in den Ohren zu viel Tand.

Von einem Spiel zum anderen
reist er den ganzen Sommer lang,
begreift nicht Sinn der Handlung
ob Schauspiel, ob Gesang.

Kunstbanausen

Wehe euch ihr Kunstbanausen,
kein Interesse für Kultur,
denk ich an Euch, kommt mir das Grausen,
immer Sport und Wirtshaus nur.

Schillers Räuber, Goethes Faust
werden euch mal holen,
Macbeth, der im Schlosse haust,
kommt heraus euch zu versohlen.

Kunst

Da ein Klecks und dort ein Klecks
zwischendrin ein Baumgewächs,
von links oben ein Gerinne
nach rechts unten wie ‚ne Spinne.
Aladin im Wunderland,
so wird dieses Bild genannt.

Da ein Schlag und dort ein Schlag,
was das hier wohl werden mag?
Vielleicht ‚ne Frau oder ein Mann,
auch ein Kamel d'raus werden kann.
Der Künstler, der nennt diesen Stein:
Sein oder nicht Sein.

Ein Wort, ein Wort und noch ein Wort,
so schreibe ich in einem fort,
ein Satz, ein Vers und eine Strophe,
der Text ist eine Katastrophe,
hab' vom Dichten keinen Dunst,
doch das ganze nennt man Kunst.

Kunstkritiker

Wieso weiß der Kritiker, was der Schriftsteller zwischen den Zeilen schreibt? Er kann es ja gar nicht lesen.

Wieso weiß der Kritiker, was der Dichter verspürte als ihm die Worte einfach einfielen?

Wieso weiß der Kritiker, welchen psychologischen Einflüssen der Poet unterworfen war, während er sein Werk verfasste?

Wieso weiß der Kritiker, was sich der Maler beim Malen eines Bildes gedacht hat?

Wieso weiß der Kritiker, an welcher Stelle der Skulptur sich der Bildhauer auf den Finger geschlagen hat?

Wieso machen Kritiker nicht selber Kunst?

Dichter

Worte bedeutungslos und leer
nimmt man von irgendwo her,
presst sie in einen Rahmen,
egal woher sie kamen,
ob sie zusammenpassen oder nicht,
einen Sinne ergeben – ein Gedicht,
harmonisch klingen,
Gefühle bringen,
für einen Menschen, für ein Kind,
manchmal frag' ich mich, ob Dichter wirklich dicht sind.

Krank

Ich schlag' die Augen auf am Morgen,
der Schädel brummt, der Hals tut weh,
na fein, der Tag beginnt mit Sorgen,
mit denen ich zum Doktor geh.

Raus aus dem Bett, nur nicht zu schnell,
ich schwank wie ein Betrunkener,
durch's Fenster strahlt es viel zu hell,
die Augen geh'n in Tränen unter.

Ein Tässchen Tee, kurz duschen nur,
such frische Unterhosen,
Zähneputzen und Rasur,
welches Hemd? Ich muss erst losen.

Kaum fertig schleiche ich zur Tür,
ach ja, noch mal zurück,
der Krankenschein, der ist nicht hier,
doch in der Jacke, welch ein Glück.

Im Warteraum gedämpfte Stimmung,
gestört durch Schneuzen und durch Husten,
zwei alte Damen dreh'n sich zu mir um,
weil sie über die anderen schon alles wussten.

Frage über Frage prasselt auf mich nieder,
wie bei der Kripo ein Verhör,
nur kurze Pause, dann schon wieder,
wenn ich nur endlich an der Reihe wär'.

Die Diagnosen steh'n schon fest,
jetzt folgt die Therapie,
wenn man mich nur in Ruhe lässt,
ach Gott, wie hass ich sie.

Sitzen wie im Scheinwerferlicht
vor diesen strengen Augen,
ich spüre, wie mein Wille bricht,
dann werden sie mich ganz aussaugen.

Mit sanfter weicher Stimme
erscheint ein Engel in weiß,
die Rettung naht, mir raubt's die Sinne,
und er entführt mich leis'.

Wie auf Wolken gehe ich
in das Arztgemach,
der Engel, der schwebt fürsorglich
in das Zimmer nach.

Der Doktor kommt und setzt sich hin,
blickt kurz vom Bildschirm auf,
schaut, ob ich auch der Richtige bin,
Schicksal nimm deinen Lauf.

Ein Blick, ein Griff, paar Worte nur,
ein Zettel für die Apotheke.
„Die Tropfen nimmst am besten pur,
Kontrolle erst drei Tage später".

Und eh ich mich so recht verseh',
steh' ich schon auf der Gasse,
bald bin ich wieder auf der Höh',
d'rauf kann ich mich verlassen.

Die Damen mit ihrer Wissensgier,
so ist mir vorgekommen,
haben die Untersuchungen an mir
gründlicher vorgenommen.

Erholsame Kur

Wenn du fährst zur Kur,
dann ist's eine Tortur,
drei Wochen Therapie
verändern dich wie nie
etwas zuvor im Leben.
Doch das musst du dir geben.
Im Wasser schwimmen ,
dich bei Gymnastik trimmen,
den Rücken lass massieren,
du wirst die Muskeln schon spüren,
Packungen mit Moor,
Elektroschocks zuvor,
pünktlich sein beim Essen,
das darfst du nicht vergessen,
schnell noch etwas Ruhe,
denn bald geht das Getue
am Nachmittage weiter.
Ganz fröhlich und auch heiter
geht's zum gemischten Saunagang,
sonst wird dir der Tag zu lang,
ein Bier für den Durst
dazu Semmel und Wurst,
noch schnell in die Therme,
genieße die Wärme.
Trotz Hitze findest du cool
das Gedränge im Whirlpool,
nur nicht vergessen
das Abendessen,
mit frischgekämmten Haar,
danach an die Bar,

süße Cocktails trinken,
davon wird das Gewicht nicht sinken,
ein Tänzchen in Ehren
kannst du dir nicht verwehren,
der Tag ist vollbracht,
du bist reif für die Nacht.
Und mit diesen Quälereien
soll eine Kur erholsam sein?

Kurgesichter

Kurgäste sind eine eigene Rasse
von Menschen mit ernsten Gesichtern,
ob wohl die Therapie sie so werden hat lassen?
Sie wirken so verhärmt und so nüchtern.

Der Blick wirkt müde und abgestumpft,
kein Lächeln über die Lippen quillt,
anscheinend hat dieser Erholungssumpf
jegliche gute Laune gekillt.

Kurreaktion

Aus Übermut und Freude nur
lass ich mir verschreiben
eine ordentliche Kur,
drei Wochen will ich bleiben.
Motiviert versprech' ich mir
fünf Kilo abzunehmen,
kein Schnitzel mehr und auch kein Bier
sonst müsst' ich mich glatt schämen.
So trete ich an die Reise
viel Bücher im Gepäck,
summ' fröhlich eine alte Weise,
schon bin ich von zu Hause weg.
Nach langer Fahrt betrete ich
das Kurheim groß, modern,
die Atmosphäre königlich,
hier bleibe ich sehr gern.
Ab nächsten Tag volles Programm
mit Bädern und Massagen,
Gymnastik bis ich nicht mehr kann,
ich trau mir's kaum zu sagen.
Dazwischen noch spazieren geh'n
in einem schönen Garten,
ein jeder hier, heisst's, ist zu seh'n
mit einem eigenen Schatten.
Die Kost nennt sich Reduktion,
doch was ich hier versäume
als tägliche Attraktion
am Abend mir erträume.
Ab zum nächsten Heurigen,
so lautet die Devise,
die Schritte sich beschleunigen,
keiner sich hindern ließe.

Ein Schlemmen, ein Schmatzen,
genussvolle Fratzen,
die fetten Tatzen
wischt man in die Latze.
Ein Gurgeln, ein Trinken,
den Nachbarn zuwinken,
zur Rechten, zur Linken,
berauscht niedersinken.
Die Stimmbänder ölen,
Gleichgesinnte auswählen,
am Heimwege grölen,
alte Geschichten erzählen.

Zurück von der Kur,
bin komplett abgeschlagen,
andauernd müde nur,
hab' sie schlecht vertragen.
Zu anstrengend waren die Nächte,
das hat man halt davon,
als Ausrede brächte
die Antwort: Kurreaktion.

Kurgespräch

„Sehr verehrte Tischnachbarin,
kommen sie vielleicht aus Wien?
Ich komme aus Döbling her
zur Kur und freu' mich sehr
mein Kreuzweh loszuwerden,
bin verzweifelt, denn
bis jetzt konnt' mich niemand heilen,
obwohl von Arzt zu Arzt ich eile.
Ein privater ohne Kasse,
wohnt nicht weit, nur eine Gasse,
der ist eine Sensation
bei der Infiltration,
er war nicht billig – eher teuer,
die Rechnung die war ungeheuer.
Doch bald fing es von vorne an.
Als nächstes kam ein Sportarzt dran,
jung, schlank und braun gebrannt,
drückte er freundlich meine Hand,
und eh' ich viel erzählen konnt',
das bin ich nämlich sehr gewohnt,
verordnet er ohne Tamtam
mir ein Bewegungsprogramm
dazu noch Reduktionsdiät,
als ob ich zu viel essen tät.
Geb' hier mein Ehrenwort am Tisch,
die Therapie war mörderisch.
Danach suchte ich Rat
bei einem Homöopath,
er fragte lange hin und her,
und meinte, dass es besser wär,
er ließe mir Tropfen und Kügelchen richten,
auf andere Medizin könnt' ich verzichten.

Doch Hand aufs Herz
ganz ohne Scherz,
diese hohen Verdünnungen
sind vergebliche Bemühungen,
ich bin eine starke Natur
brauch' klaren Schnaps und den auch pur,
ein scharfer Trank, fürwahr,
der wär' jetzt wunderbar.
Ach ein's wollt' ich noch sagen,
geh'n sie nicht an Donnerstagen
auf die Massagebank,
das macht sie noch mehr krank,
denn da ist", sie verstohlen raunt,
„ der Masseur sehr schlecht gelaunt.
Desgleichen ist Akupunktur
nicht anzuraten auf der Kur,
denn vom Baden macht sich breit
allzu starke Feuchtigkeit
und die Nadeln, die viel kosten,
beginnen dann sehr schnell zu rosten.
An allen Enden und Ecken
verursachen sie braune Flecken.
So, jetzt haben wir genug
geplaudert – das tut gut,
es war mit ihnen wirklich schön,
bis morgen dann – auf Wiederseh'n."

Teddybär

Es war einmal und ist nicht mehr
ein lieber kleiner Teddybär.
Wenn man ihn knutscht und drückt,
ein wenig dann zur Seite kippt,
so brummt er laut und manchmal leise,
eben halt auf bärenweise.

Jahre kommen, Jahre gehen,
keiner will den Bär mehr sehen,
das Fell ist schäbig abgeschunden
und hat an vielen Stellen Wunden,
ruht nicht mehr zwischen schönen Kissen,
wird einfach auf den Müll geschmissen.

Es war einmal und ist noch immer
ein Mensch allein in seinem Zimmer,
einst war er stattlich, hatte Größe,
gab nie im Leben sich ‚ne Blöße,
hat alle immer gut beraten,
Kollegen, Freunde und Private.

Jahre vergingen über Nacht,
haben dem Menschen Alter gebracht.
Das Äußere wurd' unansehnlich,
dem Geist erging es bald sehr ähnlich,
keiner kam um ihm zu danken,
was will man schon von einem Kranken.

Medizin

Die moderne Medizin
hat es weit gebracht,
Krankheiten sehr schnell entflieh'n
mit der Tabletten Macht.
So manchen zieht es hin
wie mit Magneten Kraft
zur sanften Medizin,
was die wohl alles schafft?
Ein paar Kugeln, ein paar Tropfen,
zwischendurch noch Nadelstechen,
ein Extrakt aus reinem Hopfen,
morgens frische Luft zufächeln,
Knochen knacksen wöchentlich,
im Bach nach Blüten suchen,
Gedärme spülen, fürchterlich,
Verzicht auf Fleisch und Kuchen.
Magnetfelder, allen bekannt,
aus dem fernen China Kräuter,
Massagen aus indischer Hand
sollen uns're Körper läutern.
Es gibt Methoden vieler Art
um Krankheiten zu heilen,
manche kräftig, manche zart,
das will ich nicht verhehlen.
Verzicht auf Fett und Nikotin,
Bewegung täglich eine Stunde,
so bleibst du fit und immerhin
gehst du gesund dann vor die Hunde.

Glaube

Glaubst du an Allah oder Gott,
bist du Buddhist oder Hindu,
verehrst du die Götter der Heiden,
oder betest du zu Mannitou?

Guter Mensch oder Verbrecher,
Atheist oder Kirchengeher,
hoffen, beten, meditieren,
sitzen, knien, steh'n,
zum Altar kriechen auf allen Vieren,
singend in Prozessionen geh'n.

Spenden, geben, großzügig sein,
Kinder und Alte lieben,
Abkehr von Betrügern und Dieben,
hält auch dein Herz rein.

Egal welchen Glauben dir die Priester erlauben,
wer an sich selbst nicht glaubt,
der kann nicht glauben.

Ostern

Leiden, Tod und Auferstehung,
Wiederkehr und Himmelfahrt,
Fröhlichkeit und Eiersuchen,
jeder feiert auf seine Art.
Donnerstag fliegen die Glocken fort,
am Samstag kehr'n sie wieder,
Kinder ziehen durch den Ort
mit Ratschen und mit Liedern.
Am Freitag wird gefastet,
vielen fällt es schwer,
doch endlich kommt der nächste Tag
und wir essen umso mehr.
Was wäre Ostern ohne Werbung,
Geschäft und Firlefanz,
für Kinder zählt nur die Erwartung,
der echte Sinn verschwindet ganz.

Allerseelen

Rotlicht flackert aus jedem Winkel,
Schatten stehlen sich davon,
über allem liegt bedrückte Stille,
wir hören keinen Ton.

Ab und zu ein tiefes Raunen,
aufzieh'n triefender Nasen,
der Wind spielt in den Bäumen,
angefrorene Blumen in den Vasen.

Nach heissem Wachs intensiver Geruch,
da knirscht der Kies, dort hüstelt wer,
Menschen, gehüllt in schwarzes Tuch,
gebückt vor den Gräbern, leiden sie sehr?

Wir gedenken der Ahnen an diesem Tag,
Erinnerungen Jahre zurück,
was in den Köpfen wohl vorgeh'n mag,
schöne Zeiten, verlorenes Glück.

Es zieh'n weiter die Jahre,
wir leben so fort,
bald liegen wir auf der Bahre
an diesem idyllischen Ort.

Werden auch unsere Kinder
wenigstens zu Allerseelen
in Gedanken zu uns finden
und ein wenig in sich gehen?

Krieg

Kennst du das Heulen der Sirenen?
Kennst du den Flugzeugmotorenlärm?
Kennst du die Wirkung von Bomben und
Raketen?
Sag ihnen doch, das du den Krieg nicht willst!

Hörst du gerne das Knattern der Maschinengewehre?
Hörst du gerne das Einschlagen von Granaten?
Hörst du gerne die verzweifelten Schreie der Verwundeten?
Sag ihnen doch, dass du den Krieg nicht willst!

Siehst du gerne brennende Häuser?
Siehst du gerne zerfetzte Körper?
Siehst du gerne blutende Menschen?
Sag ihnen doch, dass du den Krieg nicht willst!

Sterben

Todeshauch umweht das Haus,
Besucher gehen ein und aus,
ein lieber Gruß, ein letztes Wort,
ein Händedruck, schon ist man fort.
Die Augen blicken halb gebrochen,
so vieles bleibt noch ungesprochen.

Das Warten auf den Sensenmann
macht den Tag unendlich lang,
bewegungslos dahinzudösen,
kein Radio, Fernseh'n oder Lesen,
hingedrängt zum Lebensrand
erhofft man sich des Todes Hand.

"Ich will dich sehen, will dich spüren,
lass mich gern ins Jenseits führen,
komm doch schnell mit eins, zwei, drei,
geh nicht an meinem Haus vorbei.

Unerträglich sind die Schmerzen,
hart der Gram in meinem Herzen,
könnt' ich nur die Hände falten,
es ist kaum mehr auszuhalten.

Wie ersehne ich den Tag,
an welchem die Erlösung naht,
ich schließe meine Augen zu,
genieße meine ew'ge Ruh'".

Geschafft

Ein Blitz, ein Knall, ein Donnerschlag,
was das wohl zu bedeuten mag?
Aus dem hellen Flammenmeer
wankt eine Gestalt
nicht einmal so alt
brennend daher.
Die qualmende Haut stinkt,
ein Passant winkt
gleich einen Arzt heran,
der bemüht sich, so gut er kann.
Nach wenigen Minuten senkt sich vom Himmel
trotz wildem Menschengewimmel
ein Helikopter herab,
das Rettungsteam setzt sich in Trab.
Der Kampf um dein Leben beginnt,
Sekunde um Sekunde zerrinnt,
doch endlich zwischen den Häusern hervor
steigt der Hubschrauber steil empor,
und du wirst in weitem Bogen
in die Klinik geflogen.
Kaum noch unversehrte Haut,
wenn man auf deinen Körper schaut,
die Kunst der modernen Medizin
lässt dich dem Tode entflieh'n.
Der Leib hat überlebt,
doch deine Seele bebt
und ist, wie der Körper geschunden,
sie kommt irgendwie über die Runden.
Risse und Narben zieren dich
an deiner Oberfläche fürchterlich,
wie in ein Korsett gepresst,
so manche Wunde noch immer nässt,

dein Innerstes droht herauszuplatzen,
die Hände ähneln eher Tatzen,
dein Gesicht und die Augen sind verzerrt,
deine Psyche vor Verzweiflung gärt.
Monat um Monat ziehen dahin
mal zu Hause, mal in Wien,
wirst wieder einmal operiert,
eine neue Nase dich jetzt ziert.
Du hast dich längst daran gewöhnt,
dass jeder, der dich sieht gleich stöhnt,
mit Augen voller Neugierde
etwas zu erfahren aus Begierde,
manch Schüchterner dreht sich gleich weg,
wenn er erschrocken dich entdeckt.
Nach langer, mühevoller Zeit,
zu Opfern warst du stets bereit,
gewöhnte sich ein jeder dann
an dich, den frohen Maskenmann,
obwohl, das halt' ich dir zugute,
war dir nicht immer so zumute,
wie du dich benahmst,
wenn du unter Menschen kamst.
Doch mit viel Musik und Sport,
mit netten Leuten hier und dort,
auch dunkle, trübe Gedanken,
brachten dich nicht ins Wanken,
begannst du deine Zukunft zu kleistern,
und du wirst sie schon noch meistern.
Als ich dich dann hörte singen
auf den Brettern die manchen die Welt bringen,
da lachte mein Herz mit ganzer Kraft,
ich glaube, jetzt hast du es geschafft!

Mein Testament

Wenn ich einmal sterbe,
denkt nicht an das Erbe,
denn ein erfülltes Leben
lebt hauptsächlich vom Geben.
Besitz und Geld
habt ihr genug für diese Welt,
für die Unendlichkeit
haltet nur euren Geist bereit,
gestärkt mit guten Werken,
so last es mich bemerken,
dazu noch viel Zufriedenheit
mit dem, was ihr auf Erden habt erreicht.
Auf solch' einfache Weise
macht euch auf die letzte Reise.

Wenn ich einmal sterbe,
verlasse ich die Erde
in Frieden. Und voll Zuversicht
erwarte ich das schöne Licht,
von dem es immer heißt,
dass es den Weg ins Jenseits weist.
Liegt dann meine Körpermasse
von der Seele ganz verlassen
träge auf dem Totenbett,
während der Geist hinüber geht,
so wünsch' ich mir im übrigen
von meinen Hinterbliebenen,
dass sie jedes Jahr mir 2 Minuten schenken
und in Freude daran denken,
welch' schöne Zeiten wir erlebten
und unsere Herzen stark erbebten,

wenn wir mit Jux und Tollerei,
Vorlesen und Erzählerei,
mit Lego- oder Fussballspiel,
Zaubern oder sonst noch viel
anderen schönen Sachen
freie Stunden gern verbrachten.
Denkt auch an die Urlaubsziele,
es waren derer doch recht viele,
die wir gemeinsam bereisten
und wo wir auch am meisten
Zeit füreinander hatten,
um in einem Fluss zu waten,
oder in den Meeresbuchten
unter Wasser Muscheln suchten,
von den steilen Pistenhängen
zu gleiten, nach Gedränge
beim Sessel- und Kabinenlift,
hinab ins Tal ganz tief,
auf Berge klettern hoch und steil,
im Walde schuften mit Axt und Beil,
im Schlauchboot auf dem Thurnersee,
mit schnellem Schi durch tiefen Schnee,
all das, was wir zusammen taten
und welche Lust wir daran hatten,
soll in Gedanken bleiben ewiglich,
diesen Wunsch erfüllt für mich!
Denkt nicht an die Schattenseiten,
die das Leben kann verbreiten,
schade ist's um jed' Sekunde,
denn man geht daran zugrunde.